AF465562

HUBERT 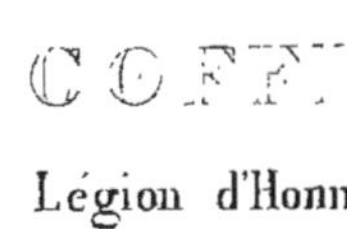 COFFIN

Chevalier de la Légion d'Honneur.

„Je veux les sauver tous
ou ne pas leur survivre„

Déposé à la Bibliothèque Imp.

„Vous faites comme les enfants
obeissez à mon père ! „

Déposé à la Bibliothèque Imp.

RELATION

DES

ÉVÉNEMENS MÉMORABLES

ARRIVÉS DANS L'EXPLOITATION DE HOUILLE

DE BEAUJONC, PRÈS DE LIEGE,

Le 28 Février 1812,

SUIVIE

DU PRÉCIS de ce qui s'est passé le 14 Janvier précédent dans celle de HORLOT, où 65 mineurs ont péri par l'effet du gaz inflammable ;

D'UNE NOTICE sur les Mines de Houille du Département de l'Ourte,

ET

DU PLAN des Exploitations Beaujonc et Mamonster;

AVEC

Les Portraits d'Hubert GOFFIN, maître mineur, auquel SA MAJESTÉ a accordé la décoration de la Légion d'honneur, et de Mathieu GOFFIN, son fils, âgé de 12 ans.

Publiée au profit des Veuves et des Enfans de ceux qui ont péri dans les Houillères Beaujonc, Horlot, et quelques autres du Département de l'Ourte.

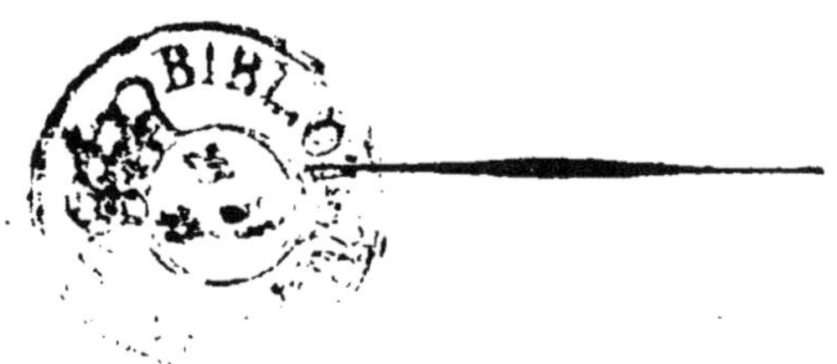

A LIÉGE,

Chez J. A. LATOUR, IMPRIMEUR DE LA PRÉFECTURE.

1812.

Chaque Exemplaire sera paraphé au premier feuillet

RELATION

DE

CE QUI S'EST PASSÉ DANS L'EXPLOITATION

DE BEAUJONC, PRÈS DE LIEGE,

Appartenant à Mr. COLSON et Société.

LE vendredi 28 février dernier, vers dix heures et demie du matin, l'exploitation de mine de houille située commune d'Ans, près de la route de Bruxelles, à deux kilomètres de Liége, fut inondée par l'effort des eaux qui pénétrèrent à l'un des côtés du serrement (1) fait à la veine du Rosier du bure (2) Triquenote qui est situé à 140 mètres de celui de Beaujonc.

L'eau venant de la veine du *Rosier* arrivoit sur celle du Pestay, et de celle-ci tomboit, par le bure Beaujonc, dans celle du *Marais*, que l'on exploitoit dans

(1) *Serrement* est une sorte de digue souterraine en bois pour contenir les masses d'eau qui se trouvent entre deux terres, particuliérement dans les veines qui ont déjà été exploitées.

(2) *Bure* est un grand puits quarré long dont les angles sont ordinairement arrondis.

ce moment et où il y avoit 127 ouvriers. La chûte d'eau étoit donc de 78 mètres, distance entre les deux veines (3).

Au moment que le *panier* (4), rempli de houille, étoit enlevé, Mathieu *Labeye*, ouvrier chargeur, s'apperçut que l'eau tomboit dans le bure, dont la profondeur est de 170 mètres. Ses camarades crurent un instant que les tuyaux de la pompe à vapeur étoient engorgés, et que l'eau, n'arrivant point au jour, tomboit dans le bure.

Cependant *Labeye* envoya Mathieu *Lardinois* pour avertir le maître ouvrier, Hubert *Goffin*, qui étoit dans une taille (5) à 500 mètres de distance. Celui-ci arrivant promptement et reconnoissant bientôt que les chargeurs se trompoient et que le danger étoit réel, son premier soin fut d'envoyer chercher son fils, Mathieu *Goffin*, âgé de 12 ans.

Personne n'étoit encore remonté ; l'eau étoit peu considérable, *Goffin* pouvoit échapper au danger ; il avoit même une jambe dans le panier, son fils est auprès de lui, lorsqu'il s'écrie : » *Si je monte* » *mes ouvriers périront ; je veux sortir d'ici le der-*

---

(3) Les veines sont plus ou moins épaisses ainsi que leurs distances entr'elles ; elles sont sur un plan horizontal incliné d'un tiers par mètre.

(4) Le panier est une forte caisse carrée qui est soutenue par des chaînes aux 4 angles. Celles-ci sont accrochées à la grande chaîne qui est mue par dix chevaux attelés au manège. La grande chaîne pèse 5 à 6 mille kilogrammes. Le panier enlève communément près de trois mille kilogrammes de houille.

(5) Taille ou tranchée dans la veine.

nier, les sauver tous, ou périr avec eux! Il dit, s'élance, met à sa place Nicolas *Riga*, aveugle. Le panier s'élève rapidement, mais suspendu seulement à deux des 4 chaînes qui le soutiennent, il est sur le côté; quelques ouvriers ne pouvant se tenir dans cette position, tombent dans l'eau et en sont retirés par *Goffin* et son fils qui ne le quitte pas.

Le panier redescent, il arrive pour la seconde fois; les ouvriers se pressent, s'entassent; mais la chûte du coup d'eau en précipite une partie : le brave *Goffin*, son fils et Jean *Bernard* sont encore là pour sauver ceux que l'eau même, déjà assez élevée, avoit garantis.

Le panier revient pour la troisième fois, les chevaux du manège sont lancés, leur course est rapide; les ouvriers n'ont qu'un instant pour saisir la machine qui doit les enlever; *Goffin* voit le danger, les imprudents ne l'écoutent plus, ils s'accrochent, remontent; la plupart retombent et périssent dans le bure, plus profond de deux mètres que le lieu du chargement où l'eau étoit déjà parvenue à la hauteur de la poitrine.

Il n'y avoit donc plus un moment à perdre, le salut par le bure devenoit impraticable, l'eau alloit atteindre le toit des galleries. *Goffin* conserve le jugement. Le dévouement de ce père de sept enfans en bas âge, avoit électrisé Nicolas *Bertrand*, Mathieu *Labeye* et Melchior *Clavir*, qui, ayant pu remonter, étoient restés auprès de lui. Il avoit ordonné au premier (Nicolas Bertrand) de faire une ouverture au bure d'airage (6), afin que les ouvriers venant de l'aval (7) pussent tourner autour du bure, et passer à travers celui d'airage, pour gagner les montées (8), tout autre moyen d'échapper à la mort étant impossible.

Au second (Mathieu Labeye) il avoit prescrit de se saisir de toutes les chandelles et de placer celles qui étoient allumées au *boisage* (9) de la gallerie principale, pour que les mineurs vissent de loin qu'ils ne pouvoient plus arriver au bure.

Le troisieme (Melchior Clavir) resté auprès de *Goffin*, l'aidoit à rassembler les ouvriers, et à les chasser même du côté des montées.

Précédemment *Bertrand* avoit exécuté l'ordre de *déboucher le trou* de sonde qui, du réservoir de la machine à vapeur, communique aux travaux de l'aval pendage. Par ce moyen les ouvriers des tailles les plus éloignées pouvoient se sauver pendant que les parties basses se remplissoient d'eau.

Ces dispositions sauvèrent, en effet, la vie à beaucoup d'ouvriers, qui eurent le tems de rejoindre leur brave chef. Malheureusement quelques-uns sourds à sa voix, restèrent près du bure dans le lieu du

---

(6) Puits aussi profond que le bure principal et surmonté d'une cheminée ronde qui s'élève depuis 8 jusqu'à 20 mètres. On y entretient du feu dans une cage de fer suspendue.

(7) Aval, partie basse.

(8) Gallerie en montant.

(9) Toute excavation doit être boisée; c'est-à-dire, que, lors qu'on a enlevé la houille, il faut soutenir le toit par des morceaux de bois droit, afin de prévenir les éboulemens.

chargement et dans l'espoir d'atteindre le panier ; ceux-là périrent victimes de leur imprudence. Le panier redescendit ensuite plusieurs fois inutilement.

Les échelles placées pour le service de la machine à feu sembloient offrir un autre moyen de salut ; mais les malheureux qui ont tenté d'en profiter ont été précipités par la violence de la chûte d'eau.

Les ouvriers et les enfants étant rassemblés, *Goffin* leur repète plusieurs fois : » Lambert *Colson* ne nous » abandonnera pas, marchons vers la *Roisse* (10), » nous irons sur montées ; il saura où nous serons, » et si nous ne pouvons sortir d'ici par Beaujonc, » nous sortirons par Mamonster. "

Que l'on se figure l'état de ces malheureux enfouis dans les entrailles de la terre, à 170 mètres de profondeur, rassemblés dans un petit espace, privés d'aliments et presque d'air vital ; n'ayant qu'un espoir vague et craignant cependant encore d'être submergés par les eaux qui augmentoient à vue d'œil ! L'imagination ne va point au de-là, elle s'effraie même de l'espace immense qui les sépare du reste des hommes. Ah ! sans doute, il ne fut jamais de position plus désespérante ! Ici la réflexion est l'agonie même ; plus de folles espérances, plus d'illusion trompeuse, plus d'avenir, plus de lendemain, car la faible lumière qui les éclaire encore

---

(10) Roisse, gallerie qui coupe obliquement les montées.

va bientôt, en s'éteignant, les priver du moyen de diriger leurs travaux impuissants. *

Mais écartons un moment de notre vue ce tableau déchirant : ceux dont le salut va occuper tous nos instans ne sont plus en communication avec ce monde: il faut un prodige pour les sauver. En supposant qu'ils respirent encore, le terme de leur vie est limité; une heure, une minute sont des siècles pour eux. Ah ! si nous les ramenons à la clarté du jour, nous confondrons nos larmes en écoutant le récit de leur existence dans le séjour des morts!

Informés du malheur affreux que nous venons de retracer, Mrs. *Mathieu*, ingénieur en chef des mines, et *Migneron*, ingénieur ordinaire, se transportèrent sur les lieux.

Déjà les femmes et les enfans faisoient retentir l'air de leurs cris lamentables, et c'est au milieu de ce théâtre de désolation que des ordres sont donnés pour faire arriver tous les secours nécessaires.

L'eau qui s'est élevée les jours suivans, jusqu'à 26 mètres au-dessus du niveau du bure, étoit, dans ce moment, de 14 mètres. Tout espoir de délivrance par Beaujonc étoit donc anéanti ; il étoit impossible d'enlever, en peu de temps, cette quantité im-

---

* Ce n'est qu'après avoir visité plusieurs mines de houille que nous avons pu avoir une idée juste des dangers des mineurs qui parcourent tous les jours ces labyrinthes, où, souvent, on ne peut avancer qu'en se traînant, où l'on est quelquefois privé d'air, exposé à être brûlé par le gaz inflammable, noyé par des lacs souterrains et écrasés par des éboulemens.

mense d'eau toujours croissante. L'inondation pouvoit même atteindre les parties les plus élevées des montées ou du moins resserrer les ouvriers dans un si petit espace qu'ils fussent entiérement privés d'air et suffoqués.

Désespérerons-nous comme la multitude qui nous environne ! oserons-nous tenter des travaux dont l'histoire du pays de Liege, où l'on exploite la houille depuis huit siecles, ne fournit pas un seul exemple ! laisserons-nous périr, enfin, des hommes qui nous ont donné l'exemple du courage et du dévouement ! Non, sans doute. Maîtriser les eaux pour ne pas rendre infructueux les travaux qu'à la seule inspection des lieux Mrs. les Ingénieurs des mines et le Sr. Lambert *Colson* conviennent d'entreprendre dans le bure de Mamonster, éloigné de 175 mètres de celui de Beaujonc, est notre premier soin. Aussitôt, on ajoute à la pompe à feu les efforts de la machine à molette (11) : * les maîtres des fosses

---

(11) La pompe à feu a une course de 2 mètres, et le diamètre est de 2 décimètres 9 centimètres 9 millimètres. Elle donne au moins 12 impulsions par minute.

Nous ne nous dissimulions pas que la machine à molette est d'un bien foible secours dans ces occasions extraordinaires. Quelques tonnes d'eau de moins sont peu importantes ; mais il falloit rassurer le public en obéiffant à fon opinion. D'ailleurs, les tonnes en tombant dans l'eau, l'agitoient fortement & comprimoient l'air dont quelques globules pouvoient aller favoriser la respiration des hommes engloutis dans le bure. Si les tonnes, dont sept sont restées au fond, nous eussent manqué, nous nous proposions de faire jeter de grosses pierres pour produire le même effet. Nous avons appris depuis, de *Goffin* même, que le mouvement donné à l'eau leur avoit été utile.

* Premiere circonstance que nous avons cachée au public.

sont avertis, ils offrent leurs secours; cent chevaux arrivent, tout est en mouvement, et l'on est sûr d'enlever plus de six mille mètres cubes d'eau en 24 heures.

Un détachement de la compagnie du département se rend sur les lieux pour maintenir la multitude qui pouvoit gêner le jeu des machines. Madame la veuve *Hardy*, avec une sensibilité digne des plus grands éloges, met le bure Mamonster, ses ouvriers, ses chevaux à la disposition des ingénieurs.

La gallerie de cette exploitation, à l'extrémité de laquelle on doit ouvrir une tranchée, est encombrée, il faut y conduire l'airage à 120 mètres, mais des blocs de rochers ne laissent qu'une issue très-resserrée et dangereuse. Mr. *Migneron* ose s'y glisser, il y laisse une partie de ses vètemens; il est suivi par le conducteur *Malaise*, et leur exemple est imité par quelques ouvriers courageux et à qui leur structure permet de suivre la même voie. Le Sieur Lambert *Colson* reste engagé à l'entrée du passage, et il faut des efforts pour le retirer par les pieds.

Quelques heures suffisent, cette heureuse audace ayant avancé le moment des travaux; l'on s'oriente. Mr. l'ingénieur *Migneron* est à la tête des ouvriers; on ouvre une taille dans la veine qui a moins d'un mètre d'épaisseur, et on se dirige sur le 28me. rumb de la boussole.

Deux ouvriers seulement, couchés sur le côté, peuvent travailler dans cet espace étroit; mais ils se succèdent au moindre affoiblissement de leurs forces, et chaque escouade de 20 hommes est relevée toutes les 4 heures.

La veine est dure, on ne pénètre que deux mètres en trois heures; l'on frappe à coups redoublés; inutiles soins! nous ne sommes point entendus par les malheureux que nous voulons délivrer.

Il s'agit cependant de fixer leur attention, de les attirer sur la montée intérieure de Beaujonc, la plus voisine de la direction de nos travaux. En vain on fait jouer la *mine*, on tire des pétards; la nuit du vendredi et une partie de la matinée du samedi 29 février se passent sans espoir.

A cette époque, le niveau de l'eau étoit monté de trois mètres environ, malgré tous les efforts; mais le public ignoroit cette circonstance,* et le courage des travailleurs n'étoit point abattu. Les travaux sont continués, et vers les huit heures du matin, le 29, on éprouve la satisfaction d'entendre un bruit éloigné, annonçant que les malheureuses victimes ont saisi notre plan et qu'ils travaillent eux-mêmes dans l'intérieur.

Néanmoins, on devoit accélerer les travaux de la tranchée, l'eau dans la journée du samedi étant encore montée de *six mètres*. Ainsi il falloit nécessairement arrêter le coup d'eau au serrement du bure *Triquenote*, et c'est ce que les charpentiers parvinrent, enfin, à exécuter le dimanche matin premier mars, en assujétissant des pieces de bois dans le *havage* (12). De ce moment l'eau commença à diminuer.

Dans cet état, qui ne croiroit que les infortunés ouvriers dont les efforts ont été entendus, vont être

---

* Seconde circonstance que nous avons cachée au public.

(12) Terre, sable, schiste ou roche qui séparent deux veines.

délivrés ! Cependant nous sommes bien éloignés encore de cet heureux moment.

Nos travailleurs, trompés par les effets de l'acoustique, veulent prendre une autre direction. Dans la nuit du 29 février au premier mars, et par un excès de zèle, ils résistent à Mr. l'ingénieur *Migneron*; envain il leur observe qu'ils s'exposent à aller déserrer dans l'eau. Désespéré, il apprend qu'à l'extérieur, les femmes, les enfans murmurent aussi; il conçoit toute la responsabilité qui pèse sur sa tête, et cède, pendant quelques heures, à la volonté des travailleurs.

Nous arrivons au bure, en ce moment, décidé à descendre pour rétablir l'ordre, lorsque l'ingénieur remonte et nous assure que les ouvriers ont reconnu leur erreur, qu'ils sont revenus à la première taille ou tranchée, et que le bruit venant de l'intérieur est plus sensible.

Arrivés au deux mars, nous ne pouvons cependant encore juger de la distance, le bruit ne suffit pas même pour assurer la direction, et quelquefois il paroît venir d'un lieu plus élevé que notre tranchée. L'ingénieur en chef, Mr. *Mathieu*, descend; il se réunit à son collègue : ils consultent les Srs. Lambert *Colson*, Etienne *Bernard*, maître ouvrier de nuit de l'exploitation Beaujonc et dont le fils étoit au nombre des malheureux, Ernest *Leclercq*, maître ouvrier de la fosse de Mde. la veuve *Hardy*, et il est résolu qu'on continuera dans la première direction sur le 28me. rumb de la boussole qui devoit conduire à la 5me. montée du bure Beaujonc.

Mr. *Migneron* remonte au jour ; il fait sur le sol, le tracé de ses opérations souterraines, moins pour vérifier ses calculs que pour tranquiliser le public impatient et convaincre les mineurs.

Enfin, toute la journée du dimanche 1er. mars, celle du lundi deux et une partie du mardi trois, s'écoulent ainsi dans les tourmens d'une espérance toujours trompée.

Les ouvriers montrent la même ardeur ; mais quelques-uns n'avancent point. La taille n'a encore que 24 mètres de longueur le lundi matin 2 mars ; il n'existe aucun plan qui soit exact ; la distance est impossible à calculer, ensorte que l'espace à franchir est peut-être le double plus considérable que nous le croyons, en supposant même que les ouvriers ensévelis, qu'avec raison nous jugions privés de lumière, pussent continuer à travailler. *

Dans cette anxiété, chaque maître de fosses est requis de fournir six mineurs des plus robustes ; mais le local est trop étroit pour permettre de travailler à plus de deux hommes dans une situation très-gênée. L'air raréfié et privé d'oxigène suffisoit à peine à la respiration. On propose d'ouvrir une nouvelle chambrée ou taille dans une autre direction, presque parallèle à la première, sans cesser de poursuivre celle-ci avec la même activité. J'insiste, j'écris à Mr. *Migneron*, cet avis est adopté, et l'entrée du bure est interdite à tous ceux qui ne sont pas strictement nécessaires.

---

* Troisieme fait que le public ignoroit.

Bientôt les deux tailles sont réunies pour n'en former qu'une, et conduire un airage plus réglé.

Enfin nous arrivons au mardi trois mars; le serrement réparé au bure Triquenote résiste, l'eau continue à diminuer, on entend plus distinctement le bruit des ouvriers de l'intérieur; mais rien n'indique encore si la direction de notre tranchée nous conduit réellement au but. La sonde pénètre sans résultat; les effets variés des sons produisent une illusion telle que nous craignons de nous éloigner des infortunés qui, plongés dans les ténèbres, peuvent être également déçus; peut-être enfin que les travaux mêmes, sous lesquels ils succombent, rendent nos efforts impuissants! leur bruit ne parvient-il plus à notre oreille, nous imaginons qu'ils ont cessé de vivre! Quelle anxiété! quelles angoisses!

Dans cette situation, les lumières sont inutiles, le zèle ne suffit pas; vaincre tous les obstacles ou succomber est notre dernière résolution.

Le mineur respirant à peine, dégouttant de sueur, ne peut faire usage du pic que pendant quelques minutes, un autre le remplace, les travaux avancent et nous concevons l'espoir de déserrer dans la nuit.

Rempli de cette douce espérance, déjà heureux de l'avenir, je donne l'ordre de m'expédier des couriers aussitôt que la sonde aura pénétré directement sur nos infortunés, et je rentre en ville à quatre heures après-midi, avec Mr. l'ingénieur en chef *Mathieu*.

A peine de retour à la préfecture, Mr. l'ingénieur *Migneron* me rappelle sur les lieux, en me donnant avis que nous sommes en communication: Il est près de six heures, je fais prévenir Mr. *Mathieu* et Mr. le docteur *Loyens.* Je pars, et j'emmène Mr. *Ansiaux*, fils, docteur en chirurgie. Un nouveau détachement nécessaire pour maintenir l'ordre est déjà en marche; des couriers expédiés par Mr. le maire d'Ans (13) se succèdent sur la route ; tous les citoyens sont à leur porte un flambeau à la main ; nous arrivons, et nous apprenons qu'en effet la sonde * ayant pénétré treize mètres, a rencontré obliquement un ancien trou, et que dès-lors, quoiqu'indirectement, nous sommes en communication avec les malheureux exténués et privés de lumière depuis plus de quatre jours. Mais à quel point la sonde a-t-elle rencontré l'ancien trou, et quelle est la longueur de ce dernier? c'est ce qu'il est impossible de déterminer. Comment faire passer des secours ! on ne peut faire usage des tubes de fer blanc préparés pour introduire des liquides. Un jour encore, et plusieurs ouvriers peuvent cesser de vivre! Heureusement que l'on est sûr de déserrer dans quelques heures; elles s'écoulent avec une lenteur désespérante. Chacun de nous croyant entendre les gémissemens des malheureux prêts à rendre le dernier soupir, voudroit avoir le pic dans les mains pour hâter leur délivrance, lorsqu'enfin ils indiquent eux-mêmes une meilleure direction à don-

---

(13) Mr. *Pâque*, maire d'Ans, a fait preuve d'un zèle soutenu.

* Si la veine ou couche se fut abaissée verticalement, la sonde auroit attaqué le toit, et elle devenoit inutile.

ner à la sonde, qui pénètre directement sur eux à deux heures du matin. Nos travailleurs les appellent, ils répondent et les supplient de boucher le trou, ne pouvant supporter l'impression de l'air qui s'y introduit avec impétuosité.

C'est ici le moment de prendre des précautions contre le feu, et de disposer tout ce qui peut être nécessaire pour rappeller à la vie des hommes exténués, privés d'air et d'alimens depuis 5 jours et 5 nuits.

La lumiere dans notre gallerie est à distance des travailleurs; le garde feu a ordre de reculer à mesure que la flamme de la chandelle lui indiquera la présence du gaz inflammable. Du bouillon, du vin et des couvertures sont descendus dans le bure; les femmes, les enfans sont éloignés de l'enceinte des bâtimens. Infortunés! ils ignorent encore que plusieurs d'entr'eux auront à pleurer un mari, un père, un fils. Avouons-le, la sensibilité n'exclut point le courage, depuis cinq jours nous avions tous le cœur navré d'un spectacle d'autant plus déchirant que les familles des houilleurs sont très-nombreuses, et que toutes sont réduites à la misère la plus affreuse lorsqu'elles perdent leurs chefs.

MM. *Georgeon*, colonel de la gendarmerie, de *Rouveroy*, auditeur sous-préfet, et d'autres personnes distinguées, viennent, dans la nuit, nous offrir leurs services. Nous sommes tous impatiens, et les ouvriers désirant avoir le mérite de délivrer leurs camarades, ne veulent plus être relevés.

La nuit se passe ainsi dans l'attente jusqu'à 7 heures du matin, le 4 mars, que les travailleurs, également impatiens, font jouer une mine dont la fumée les incommode. Ce moyen expéditif est interdit, parce que son effet intérieur peut tuer quelques-uns des hommes mêmes que nous voulons arracher au tombeau ; la poudre peut aussi allumer le gaz inflammable et faire périr nos propres travailleurs. D'ailleurs, nous sommes certain de l'existence de tous ceux qui ont suivi le brave *Goffin*, et le moment de leur résurrection ne pouvant être éloigné, nous allons rapporter ce qui s'est passé dans l'intérieur, d'après les déclarations naïves que nous avons reçues, et auxquelles nous ne changerons que ce qui est absolument indispensable pour les rendre intelligibles.

DÉTAIL DES FAITS

QUI SE SONT PASSÉS DANS L'INTÉRIEUR.

Nous avons laissé *Goffin* au milieu des mineurs qu'il a rassemblés près le bure d'airage, lorsque tout espoir de salut, par le bure Beaujonc, étoit enlevé.

Quelques ouvriers demeurèrent pour juger du progrès des eaux, les autres se portèrent sur l'amont pendage (1), où ils arrivèrent dans l'état le plus déplorable. Les enfans répandoient des ruisseaux de larmes, ils pressoient *Goffin*. « Cher maître, lui » disoient-ils, par où sortirons-nous? Mon Dieu!

(1) Partie élevée et inclinée.

» se peut-il que nous devions mourir si jeune ! "
Goffin leur impose silence et les rassure en leur promettant qu'ils échapperont tous. Aussitôt il distribue son monde dans les différentes montées, depuis la 4me. jusqu'à la 7me. se communiquant toutes par la Roisse. Les mineurs les plus robustes et les plus courageux sont choisis, et il les mène à la 7me. montée pour y entreprendre une tranchée et se frayer une issue, dans la persuasion où il étoit qu'on pouvoit y déserrer aux travaux du bure de Mamonster.

Quoiqu'il ne fut pas possible d'employer plus de deux hommes, pour ouvrir la tranchée, l'ouvrage avançoit, parce que les mineurs se relevoient successivement. Les plus foibles transportoient la mine dans l'aval pendage. Ils avoient déjà ouvert un chemin de 7 mètres de longueur en amont; ils espéroient être bientôt au milieu de leurs familles; chaque coup de pic, en rendant un son plus grave, annonçoit qu'on n'étoit pas éloigné du vide; mais quel fut leur désespoir lorsqu'ils déserrèrent à d'anciens travaux du bure abandonné de Martin Wery, d'où il s'échappa, avec un bruit horrible, du *crouin* (air inflammable) qui leur auroit causé la mort, si *Goffin* n'eût subitement bouché la communication. Les ouvriers, frappés de stupeur, se laissent tomber sur le *deille* (2) de la veine; quelques-uns veulent, néanmoins, continuer les travaux dans

(2) Mur de la veine, ou schiste sur lequel elle repose.

le même lieu. *Goffin* s'y oppose et leur dit : » Lors-
» que nous n'aurons plus d'espérance, je vous ra-
» menerai ici, et ce sera bientôt fini. »

Leur désespoir paroît être parvenu au comble, ils s'écrient tous que leur mort est inévitable; ils poussent des cris douloureux; les enfans demandent la bénédiction à leurs peres; ceux qui n'en n'ont point s'adressent à *Goffin* et le supplient, à genoux, de la leur donner. Les hommes expriment leurs regrets sur le sort de leurs femmes, de leurs enfans, de leurs pères; tous gémissent, se désespèrent et demandent à leur chef ce qu'ils vont devenir.

Ce brave, qui ne cessa jamais de les encourager, leur annonce qu'il y a des ressources à la cinquieme montée; il veut les y conduire, aucun ne se lève et ne répond; ils jettent de nouveaux cris et semblent se refuser à entreprendre de nouveaux travaux. » Allons,
» s'écrie alors *Goffin*, puisque vous refusez d'obéir,
» mourrons! » Il prend son fils dans ses bras, ses plus fidèles amis l'environnent, ils se placent à ses côtés : » ils veulent montrer à ceux qui trouveront
» leurs cadavres, qu'ils lui ont témoigné leur atta-
» chement jusqu'au dernier moment. » Ils s'embrassent réciproquement, ils adressent leurs vœux au Tout Puissant. Mais, ô prodige de courage! un être foible, un enfant, qui semble inspiré (3), se lève

(3) Mathieu *Goffin*, digne fils du maître mineur, âgé de 12 ans et auquel on n'en donneroit pas 10. Il est d'une petite taille et il a les os du tibia arqués comme la plupart des houilleurs qui ont commencé à travailler trop jeune.

et leur dit à haute voix et d'un ton rassurant : » Vous » faites comme les enfans, suivez les ordres de mon » père ! il faut travailler et prouver à ceux qui » nous survivront que nous avons eu du courage » jusqu'à la mort. Mon père ne vous a-t-il pas » dit que Lambert *Colson* ne nous abandonneroit » pas ? " Il fait un pas en avant, et tous, comme frappés d'une inspiration soudaine, renaissent à la confiance, se lèvent aussi, suivent *Goffin* le père, et vont entreprendre une tranchée à la 5me. montée.

Là, à peine arrivés, ô bonheur inexprimable ! un bruit étranger frappe leurs oreilles. Bientôt ils reconnoissent qu'on travaille à leur délivrance, et leur espoir augmente d'autant plus, qu'ils distinguent les différens travaux du mineur : *haver*, couper et hotter la veine, sonder et jouer la mine (4).

A cette époque, suivant nos calculs, ils devoient être au samedi soir ; ainsi il y avoit déjà plus de 36 heures que ces infortunés étoient descendus dans le bure Beaujonc. Epuisés de fatigues, tant par les peines qu'ils s'étoient données à la 7me. montée que par les travaux qu'ils avoient déjà faits au moment de l'éruption des eaux, ils refusèrent encore de travailler, en disant : » qu'ils aimoient autant mourir » d'une manière que de l'autre. »

Dans cette extrémité, le courageux *Goffin* les

---

(4) *Haver*, c'est détacher la veine de son lit. *Couper*, détacher la veine de chaque côté pour enlever un bloc ou quartier. *Hotter*, c'est détacher la houille du toit ; l'on se sert de coins en fer.

» traite de lâches ; il leur déclare qu'il va hâter » sa mort et leur enlever tout espoir en se noyant » avec son fils, qu'il avoit saisi. » Tous se jettent au-devant de lui et promettent de nouveau de lui obéir.

Mais l'air ne contient plus assez d'oxigène, les deux chandelles qui éclairent les travailleurs s'éteignent d'elles-mêmes. Une troisième mise en réserve dans la Roisse, et qui est pour eux le feu sacré, est renversée au même moment, par accident. Dès-lors une profonde obscurité détruit le peu de courage qui avoit animé les ouvriers, et pour la 3e. fois, ils cessent leurs travaux.

Le brave *Goffin* se désespère, il saisit le premier qui tombe sous sa main, quoique sans arme, il menace de poignarder celui qui refusera de travailler, et les reconduit ainsi à l'ouvrage au milieu des ténèbres ; lui-même donne toujours l'exemple : ses mains, désacoutumées à se servir du pic, sont ensanglantées, son digne fils *Mathieu*, ce héros enfant, vient fréquemment lui tâter le pouls, et lui dit : » *courage* » *père, i va bin.* » (5)

Dans ces angoisses mortelles, les uns promettent de faire des neuvaines, les autres des pélérinages nuds pieds. Deux jeunes orphelins, âgé de 12 et 14 ans, se flattent qu'ils ne périront pas, *parce que leur père, qui est au ciel, prie pour eux.* L'un d'eux offre à son frère un morceau de pain ; celui-ci le refuse et le donne à un autre enfant qui le dévore aussitôt.

Mathieu *Goffin* ne pleure point : cet enfant n'est

---

(5) locution liégeoise.

occupé que de sa mère, de ses sœurs, de ses petits frères : » Père, il n'y a que vous et moi qui gagnions » de l'argent; comment vivront-ils, ils demande- » ront donc l'aumône? cher père, je sais que vous » avez caché de l'argent dans notre étable à vaches, » comment ma mère pourra-t-elle le trouver? — Et » toi, mon fils, où as-tu caché le tien? Moi, je » n'ai qu'un petit écu, c'est ma sœur qui l'a. »

Deux ouvriers se disputant, sont au moment de se battre : » Laissons les faire, disent les autres, si » l'un d'eux est tué il pourra nous servir de nour- » riture. » Ce propos mit fin à la querelle. Quelques-uns mangèrent les chandelles qu'ils avoient cachées, d'autres bûrent leur urine préférablement à l'eau extrêmement mauvaise.

Nicolas *Bertrand*, Mathieu *Labeye*, et Melchior *Clavir*, ces hommes courageux qui avoient suivi volontairement leur brave chef, répétoient souvent : » Cher *Goffin*, il faut bien aimer un homme pour » aller chercher la mort avec lui plutôt que de » l'abandonner." Un autre lui adressoit des reproches : » Si vous ne m'eussiez appelé, peut-être que j'au- » rois pû monter au quatrième panier. »

C'est ainsi que l'homme le plus généreux étoit doublement tourmenté.

Cependant, telle est la mobilité de l'imagination, qu'à l'idée de la mort la plus affreuse, succède une scène comique.

L'un de ces infortunés, envoyé à la tranchée, se plaint, en y entrant, pour la première fois, de la chaleur excessive qu'il ne peut supporter, faisant observer qu'il n'avoit qu'*un trou au nez*..... ; ses camarades éclatent de rire, il est renvoyé et dispensé de travailler.

Cette sorte d'absence, cet oubli de tous les maux, est de peu de durée ; le découragement renaît, le besoin de subsistances est impérieux pour ceux, surtout, qui ont peu travaillé. Naguères craignant d'être submergés, ils n'alloient au bord de l'eau que pour juger de son élévation ; en ce moment, privés de lumière, ils y vont, en tâtonnant, dans l'espoir de trouver le corps de l'un de leur camarade pour leur servir de nourriture lorsqu'ils seront à la dernière extrémité.

Mais l'eau infecte est le seul aliment qu'ils rapportent aux travailleurs dans des calottes (6) et dans une espèce de vase qu'ils nomment *cohy* (7) et que quelques-uns appellent plaisamment *leur litre*. Ceux-ci (les travailleurs) couverts de sueurs, promettent à *Goffin* de n'humecter que leurs lèvres, et ils épuisent jusqu'à la dernière goûte sans se désaltérer. » Nous avons bû, disent-ils, le sang de ceux de » nos amis qui ont péri au *chargeage*. »

D'autres perdent le jugement, ils demandent le chemin pour retourner chez eux ; ils se plaignent de ce qu'on veut les faire mourir en les laissant sans lumière et sans nourriture. Ils veulent

---

(6) Forme de mauvais chapeau presque sans bords, dont les houilleurs se servent & sur laquelle ils assujettissent une chandelle avec de la terre glaise.

(7) *Cohy*, vase qui servoit à contenir les chandelles.

avoir de la salade et des choux ; ils donnent des preuves de folies, s'emportent contre *Goffin* qui, sans cesse, cherche à les calmer en les assurant qu'il les reconduira bientôt et leur donnera tout ce qu'ils demandent.

Goffin, au dernier terme du malheur, s'occupe encore avec une tendre sollicitude de ses compagnons d'infortune ; il les appelle tous par leurs noms, et il espère que ceux qui ne répondent pas sont parvenus à remonter au jour. Il parle surtout d'Antoine *Hallet*, qui, ayant saisi la chaîne fixée à la cloche placée au-dessus du bure, avoit le premier donné l'allarme : il ignoroit encore que ce mineur avoit été victime de sa générosité. Étant d'une taille plus élevée que celle de ses camarades et espérant avoir assez de temps pour remonter, il avoit cédé le pas à tous ceux qui pouvoient être submergés avant lui.

Cinq jours et autant de nuits se sont écoulés dans cette situation, dont le seul récit fait frémir : les malheureux, n'ayant aucune idée de la durée du temps, croient être au lundi, et nous sommes au mercredi suivant, tant il est vrai que si les momens sont longs en proportion de la douleur ou de l'inquiétude plus vives et plus poignantes que l'on éprouve, le temps passe avec rapidité en raison de la préoccupation de l'esprit.

Terminons, enfin, ce récit, qui nous oppresse ! hâtons-nous de délivrer des hommes qui nous inspirent tant d'intérêt.

Un passage est frayé sur une longueur de 47 mètres (8) à travers la veine, qui n'a que 9 décimètres d'épaisseur, et, par un bonheur inoui, toutes les déviations de la route primitivement tracée, se trouvent compensées, et nous arrivons, par le 28me. rumb de la boussole, sur le prolongement de la première direction prise. Enfin, nous n'avons plus d'efforts à faire, tout est disposé pour les recevoir; ils nous entendent, chacun d'eux cherche à précéder son camarade; nous sommes au 4 mars, et midi vient de sonner. Mais trop d'empressement peut occasionner une explosion, le mineur travaille dans l'obscurité, un dernier coup de pic détruit le dernier obstacle; l'air, en se mettant en équilibre, produit une sorte de détonnation, qui, bien que prévue, effraye et met en fuite une partie des travailleurs.

L'ordre rétabli, nos infortunés houilleurs se traînent, ils s'introduisent et traversent le passage qui les conduit dans nos bras.

Cet événement est annoncé à l'entrée du bure où se trouvent réunis, dans l'intérieur des bâtimens, un grand nombre de personnes distinguées. Cependant, quelques momens de repos sont nécessaires pour accoutumer progressivement à l'air de l'atmosphère et à la lumière, des hommes qui sortent du tombeau. Tout est préparé encore, depuis deux heures, par les soins de Madame la veuve *Hardy*.

---

(8) On a vérifié depuis la longueur de la tranchée faite par les ouvriers de l'intérieur; elle est de 11 mètres : ils avoient fait auparavant une tranchée de près de 7 mètres à la 7me. montée, ce qui feroit un total de 65 mètres.

Mr. l'ingénieur en chef *Mathieu* et le docteur *Ansiaux* s'en sont assuré. Chaque ouvrier est enveloppé d'une couverture, et reçoit, dans le bure même, une tasse de bouillon et un peu de vin. Bientôt, ils sont successivement mis dans le panier accompagnés de quatre mineurs, debout sur les bords des angles de cette machine. Nous les comptons plusieurs fois avec inquiétude; notre bonheur n'est pas complet : sur 91 individus que nous redemandons à la terre, 70 seulement (9) ainsi ramenés au jour, sont enveloppés d'une seconde couverture, et livrés aux soins généreux de Mrs. *Loyens*, *Ansiaux*, fils, *Anthine*, *Thirion*, *Ramoux*, et autres personnes de l'art qui avoient offert leurs services.

Le brave *Goffin* et son fils arrivent les derniers avec Mr. l'ingénieur *Migneron*, qui étoit dans le bure depuis 24 heures, et qui s'est conduit avec un zèle digne des plus grands éloges.

Les acclamations retentissent, tous les yeux sont baignés de larmes, chaque spectateur croit retrouver un père, un fils. Ce moment de sensibilité, qu'on ne sauroit retracer, peut devenir funeste; les femmes, les enfans des malheureux de retour à la vie, veulent pénétrer dans l'enceinte; ils grattent la terre, ils font des trous dans la cloison, et jettent du

---

(9) Dans le premier moment j'ai annoncé 71 hommes sauvés; mais on a vérifié depuis, que l'on s'étoit mépris en mettant au nombre des victimes un enfant qui s'est laissé conduire vraisemblablement pour avoir du bouillon et du vin. Sur 127 individus 35 sont remontés dans le premier moment, 22 se sont noyés et 70 ont été sauvés.

pain et des fruits. Mr. *Georgeon*, colonel de la gendarmerie, se distingue ; il est partout et réprime les imprudents.

Mr. l'ingénieur en chef *Mathieu*, qui a suivi la plupart des opérations, et qui en a partagé la responsabilité, reçoit également sa part des bénédictions de la multitude, et jouit, comme nous, du bonheur général.

Je rentrai en ville à 4 heures, avec Mr. *Mignerон*, après avoir donné des ordres pour prévenir tous les accidens. Mr. *Mathieu*, resté sur les lieux jusqu'à 8 heures, fit faire une visite dans l'intérieur du bure ; mais déjà l'air rempli de gaz délétère, ne permit pas de pénétrer, même sans feu, au-delà de nos travaux.

Tel est le récit fidèle des événemens qui ont excité un si grand intérêt dans toutes les classes de la société.

La difficulté d'interroger des hommes dont la plupart ne s'expriment point en français, le désir de répondre à l'impatience du public, nos devoirs de tous les momens, et le manque de temps, ne nous ont pas permis d'en soigner davantage le style ; mais, du moins, les faits ont été recueillis avec un soin scrupuleux, ayant reçu les déclarations, séparément, de presque tous les mineurs dont notre plume inhabile n'a pu rendre que foiblement les expressions énergiques, et les sentimens de vénération qu'ils portent à *Goffin*, pour cet homme aussi simple, aussi doux, qu'il est courageux.

Interrogé sur le motif qui a pu le déterminer à

exposer ainsi sa femme et ses six enfans aux horreurs de la misère, il répond avec simplicité, la larme à l'œil : » Si j'avois eu le malheur d'abandonner mes ouvriers, je n'oserois voir le jour. »

Avez-vous eu part à la distribution des premiers secours du Préfet ? » Non, je suis assez riche. » Oui, certes, homme généreux, tu es assez riche, tes vertus, ton fils, digne d'un tel père, et ta renommée !

Au moment où nous traçons ce dernier mot, nous recevons le Moniteur, qui nous apprend que, par son décret du 12 mars, le plus grand comme le plus juste de tous les Héros, a accordé la décoration de la légion d'honneur et une pension à Hubert *Goffin*. A notre grand Empereur seul, il appartient de sentir que la récompense double de valeur lors qu'elle n'est point attendue et encore moins sollicitée. C'est ainsi que le monarque dont le règne présentera à la postérité tous les hauts faits que l'imagination puisse concevoir, le montrera, en même temps, le protecteur, l'appréciateur de toutes les vertus.

Nous ne terminerons pas sans proclamer les noms de tous ceux qui ont montré tant de zèle dans cette circonstance, et plus particuliérement de ceux qui se sont le plus distingués, en secondant Mr. l'ingénieur *Migneron*.

Le conducteur des mines *Malaise*, a constamment suivi les ouvriers pendant les travaux.

Mr. Lambert *Colson* a justifié complettement, par son infatigable activité, la grande confiance que le brave *Goffin* et ses compagnons ont témoigné au moment de l'éruption des caux.

Mr. *Hardy* (Baptiste) est resté à la taille pendant la derniere nuit.

Etienne *Bernard*, maître mineur de nuit de la fosse Beaujonc, n'a pas quitté le bure pendant les cinq jours.

Le Sr. *Galland*, père, a procuré tous les secours, et son fils a montré beaucoup de courage et d'intelligence.

Le maître ouvrier Ernest *Leclerc* et son fils ont été, alternativement, à la tête des ouvriers.

Les deux freres *Yerna*, mineurs infatigables, que nous avons déja cité dans l'un de nos bulletins, se sont distingués constamment, ainsi que Th. *Ledent*, Arnold *Varoux*, Lambert *Jamar*, Henri *Lancor*, François *Renson*, Jean *Wery*, et d'autres dont nous regrettons de n'avoir pas les noms.

A Liege, le 16 Mars 1812.

Baron DE MICOUD.

» NOUS soussignés inspecteur divisionnaire, et » Ingénieur en chef au Corps Impérial des Mines, » envoyés en mission par le Gouvernement, à l'oc- » casion des événemens des 28 février et jour sui- » vant, ayant pris lecture de la relation ci-dessus, » que Mr. le Préfet a bien voulu nous communi- » quer, avons éprouvé le besoin de joindre notre témoi- » gnage à celui de la reconnoissance publique, et de » déclarer que tous les faits contenus dans le pré- » cis publié par Mr. le Baron DE MICOUD, sont » parfaitement conformes aux déclarations recueillies » dans l'enquête que nous avons été appelés à faire : » en foi de quoi nous avons signé le présent.

A Liege, le 16 mars 1812.

Signés { L. CORDIER, inspecteur divisionnaire.
BEAUNIER, inspecteur en chef.

Nota. Notre intention est de profiter de cette circonstance pour réaliser le projet que nous avons vainement tenté jusqu'à ce jour. Lorsque les veuves et les orphelins des mineurs auront été soulagés, l'excédent des fonds provenant de la bienfaisance publique et du produit de ce petit ouvrage, servira à fonder une caisse de prévoyance et de secours. Elle sera ensuite alimentée par une très-légere retenue sur les salaires des mineurs qui voudront participer à cet établissement. Les propriétaires des houillères y contribueront aussi par le sacrifice, chaque semaine, de la valeur d'un panier de houille que les ouvriers extrairont au-delà de leur tâche.

NOTE

SUR L'ÉVÉNEMENT DÉPLORABLE

Arrivé dans l'exploitation du ***HORLOT.***

LE dix janvier, à 11 heures du soir, une quantité considérable de gaz hydrogène qui s'étoit amassé dans d'anciens travaux de la grande veine où le propriétaire vouloit établir un nouvel airage, s'étant dégagé subitement, produisit une détonnation si forte, que le chariot pesant environ 3,300 kilogrammes, qui se trouvoit dans la vallée à 200 mètres du niveau du bure, fut retourné transversalement et en partie brisé, et que la couverture de la portion du bâtiment situé au-dessus du bure, qui a lui-même 179 mètres de profondeur, fut emportée.

Quelque terrible qu'ait été cette détonnation, il paroît que peu d'ouvriers en avoient été atteints, parce qu'ils se trouvoient presque tous dans la partie la plus basse des travaux, et que le gaz ne s'étoit enflammé qu'après s'être élevé à une certaine hauteur de la *vallée*. Mais l'explosion ayant détruit, en plusieurs endroits, les canaux d'airage, les mineurs, en remontant vers le bure, furent frappés d'asphyxie par le gaz résultant de la combustion qui s'étoit répandu dans les travaux.

Mr. *Migneron*, ingénieur des mines, n'eut connoissance de cet événement déplorable que le lendemain à 8 heures du matin. Il se rendit aussitôt à la houillère du Horlot, où son premier soin fut de donner des secours à huit individus, plus ou moins blessés et retirés du bure par les soins du maître mineur qui, accompagné par deux ouvriers, étoit descendu vers les 4 heures du matin, pour rétablir provisoirement l'airage en tapissant les brèches au moyen de couvertures.

Mr. *Migneron*, sans considérer les dangers, n'hésita point à pénétrer dans le bure, où il ne rencontra que des cadavres, qu'il fit charger dans le panier et remonter au jour. Envain le chirurgien employa les ressources de l'art pour rappeller à la vie les infortunés mineurs, il n'étoit plus temps. C'est dans le bure même qu'il auroit fallu leur administrer des secours; mais le chirurgien...... s'étoit constamment refusé d'y descendre.

A sa sortie Mr. *Migneron* trouva Mr. *Mathieu*, ingénieur en chef, auquel il rendit compte.

Le 13 janvier l'on comptoit 65 victimes et quelques jours après 68. Vingt veuves, soixante enfans et treize orphelins se trouvent aujourd'hui sans appuis, sans ressources......

Comme l'air atmosphérique n'a pu tarder de succéder au gaz délétère, il est bien à regretter que l'on ait différé d'instruire plutôt de cet événement les autorités. Le Préfet n'en a été informé que le lendemain à 2 heures après-midi, et le propriétaire de l'exploitation prétend qu'il n'a été averti qu'à 10 heures du matin. Il n'est donc pas douteux que si l'on eut ramené promptement au jour les infortunés, la plus grande partie eût été sauvée.

Une seconde explosion eut lieu dans la même houillère le 6 janvier, et elle ne peut être attribuée qu'à l'imprévoyance la moins excusable; puisqu'on devoit s'attendre à la présence du gaz hydrogène dans les endroits où l'on n'avoit point encore pénétré depuis l'événement du 11. Quatre ouvriers mineurs furent encore atteints et blessés.

NOTICE

SUR LES

EXPLOITATIONS DE MINES DE HOUILLE

DU DÉPARTEMENT DE L'OURTE.

MINES.

LES mines de houille sont répandues dans le département de l'Ourte, sur un espace de plus de six myriamètres quarrés. Les plus grandes exploitations sont à proximité de la meuse et autour de la ville de Liege; c'est aussi là que la houille y est la plus abondante.

La butte de St. Gilles, où se rencontre le plus grand nombre de couches ou veines de houille, est située à deux kilomètres ouest de Liege, elle est élevée de 117 mètres au-dessus de la meuse, et à 201 mètres au-dessus de l'océan.

Les veines varient et de qualité et d'épaisseur : celle de Liége et du Val St. Lambert sont beaucoup plus grasses que celles qui se trouvent aux extrémités du bassin; c'est-à-dire, à Oupeye, Trembleur et Dalhem, d'un côté; Huy et Seilles, de l'autre. Les veines ou couches les plus riches qui aient été exploitées jusqu'ici, n'ont guère plus de 14 à 22 décimètres d'épaisseur; il en est qui n'ont que vingt millimètres.

Les intermédiaires, en masse d'argile dure et feuilletées, varient aussi de trois à 36 mètres et davantage.

Dans l'énumération des mines qui forment le bassin de St. Gilles, Mr. *Genneté* indique la 61me. couche à 1080 mètres au-dessous du lit de la meuse.

Mr. de *Buffon* a rejetté cette énumération comme fictive et conjecturale. Comment établir, en effet, qu'il existe soixante et une couches superposées, tandis que les travaux les plus approfondis n'en ont découvert que vingt-trois ?

Dans le toit des couches de houille même les plus profondes, l'on trouve fréquemment des impressions de plantes telles que fougères, roseaux, etc., ce qui indique des révolutions nombreuses. Les veines sont sillonnées de schistes, et ont reçu des mouvemens verticaux : ici elles sont horizontales et tourmentées ; là elles sont perpendiculaires au centre de la terre. Les houilleurs auxquels les connaissances sont étrangères, désignent l'inclinaison de celles-ci par pendages de *roisses* et celles des autres par pendage de *platteurs*.

Pendage de roisse, demi-roisse, quart de roisse, selon eux, sont les divers dégrés d'inclinaison qui se trouvent en-dessous de la ligne diagonale d'un quarré ; et pendage de *platteurs*, tiers de platteurs, quart de platteurs, sont ceux qui se trouvent en dessus.

Dans les pendages de *platteurs*, les couches ou veines occupent une étendue proportionnée; c'est-à-dire, que si la veine la plus proche de la superficie parcourt le circuit d'un kilomètre, l'affleurement de la veine qui lui est inférieure, la dépasse en proportion de leur distance respective.

EXPLOITATION.

L'origine de l'exploitation des mines de houille dans l'ancien pays de Liege, dont se compose en grande partie le département de l'Ourte, remonte à l'année 1198.

Ces mines s'exploitent au moyen de *bures*, *vallées*, *gralles* et *bouxhtay*.

On appelle *bures*, des puits creusés à la profondeur de 170 à 300 mètres, et davantage, de la superficie. L'orifice d'un bure est un parallélogramme, c'est-à-dire, un carré long dont ordinairement les extrémités sont arrondies. Les deux parois de l'amont et de l'aval pendage de la veine, où s'est arrêté l'enfoncement du bure, s'appellent *mahire-d'a-thier* et *mahire-d'aval*. Les parois opposés étant les plus allongés, s'appellent *longues mahires*. C'est sous ces longues mahires que se prennent et se dirigent les *niveaux* du bure. On appelle *niveaux* du bure deux voies que l'on pratique à travers la couche et que l'on conduit à justes niveaux, pour introduire l'air et donner passage aux ouvriers. On donne à ces galleries deux mètres 50 à 334 millimètres de largeur, et 16 mètres 340 millimètres à 20 mètres de longueur. Inférieurement à ces voies et dans une direction parrallèle, l'on pratique deux conduits appelés *pahage* pour recueillir les eaux et les diriger sur un réservoir que l'on s'est ménagé en approfondissant le bure, trois mètres environ en-dessous de la veine à laquelle il se termine.

Les *bouxhtay* sont des bures souterrains que l'on creuse pour parvenir aux veines ; ils s'établissent ordinairement aux niveaux du bure et se creusent perpendiculairement ; c'est ce qui les distingue des *torrets* qui se font quand le pendage est fort *roisse* et qui sont ainsi appelés, parce que l'extraction s'y fait au moyen d'un tambour ou tour à manivelles.

Une *vallée* ou *gralle* est un chemin large d'environ deux mètres et d'un mètre et demi de hauteur, qui commence au-dessus du niveau du bure et descend dans la veine perpendiculairement à ce niveau.

Pour exprimer la longueur d'une vallée, les *houilleurs* disent, elle a un ou deux *plombs* du bure ; c'est-à-dire, qu'elle a une fois ou deux fois la longueur du bure. Toutes les voies dirigées parrallèlement aux deux côtés d'une vallée, se nomment *coistresses*.

Pour découper la veine, on établit des tailles de 20 mètres en 20 mètres. Dans chaque taille on n'extrait le combustible qu'à la distance de 12 mètres : le surplus de l'espace est réservé pour soutenir le toit, et c'est ce qu'on appelle *serre*.

L'air se communique dans les travaux souterrains au moyen d'un *bure d'airage* dont on distingue quatre parties principales appelées, vulgairement, *royon*, *piersure*, *burtay* et *chetture*.

Le burtay est un petit bure que l'on creuse non loin, et à l'amont du bure principal, à une profondeur qui ne peut être moindre de 24 mètres et qui doit nécessairement se terminer sur un rocher ou autre corps solide. A ce point on fait un chemin nommé *piersure* pour se rapprocher du bure principal et communiquer avec le *royon*. Le royon est un petit bure creusé et ménagé dans la *mahire-d'a-thier*; c'est-à-dire, dans le parois de l'amont pendage du grand bure dont il est séparé par un mur de briques.

Enfin la *chetture* est une cheminée ronde, faite de briques et construite sur le *burtay* à la superficie de la terre, et à la hauteur de 8 à 17 mètres. Plus cette cheminée a d'élévation plus son tirage d'air est actif et en facilite la circulation au moyen d'un *tocfeu* (brasier) que l'on descend dans le *burtay*.

ORIGINE DES ARÊNES.

Les galleries d'écoulement construites pour l'épuisement des mines de houille submergées, furent constamment l'objet de la sollicitude et d'une protection spéciale du Gouvernement. Leur construction fut reconnue nécessaire dès le 13e. siècle. Les exploitations qui s'étoient faites jusqu'alors avoient été dirigées sans ordre et sans méthode. Les veines les plus proches de la superficie ayant été successivement extraites, les eaux s'étoient répandues dans les vides, et y formoient des lacs souterrains qui rendoient inaccessibles les veines inférieures.

L'entreprise de ces galleries, aussi difficile que dispendieuse, s'exécuta pendant les 13e. 14e. 15e. et 16e. siècles, par les plus riches capitalistes de ce pays, auxquels le gouvernement fit des avantages dont il sera parlé ci-après.

Ces galleries, que l'on appelle vulgairement dans ces contrées *arênes*, sont des canaux souterrains creusés dans le roc solide, ou construits en murs de briques ou de pierres. Sur l'étendue de ces canaux, plusieurs puits appelés *bure d'arêne* ont été creusés pour donner l'air et procurer les accès nécessaires tant pour leur construction que pour leur réparation.

On distingue des *arênes franches* et des *arênes batardes*. Celles-ci versent leurs eaux dans la meuse, tandis que les eaux des premieres jaillissent dans les fontaines de la ville de Liege.

On ne compte que quatre arênes franches, lesquelles étoient placées spécialement sous la sauve garde des loix : ceux qui eussent porté atteinte à leur conservation, à leur cours et à leur sûreté, étoient punis de la peine capitale.

Trente arênes, ou environ, parcourent et *démergent* actuellement les mines de ces contrées. Chacune de ces arênes avoit un district particulier défendu par des massifs qu'il étoit interdit d'exploiter et qui empêchoient qu'elles ne se communiquassent. Si ces massifs dont les constructeurs des galleries avoient dû payer la valeur aux propriétaires de la superficie, qui étoient aussi propriétaires des mines, eussent été respectés jusqu'à nos jours, que de richesses minérales ne seroient point ensévelies sous un même niveau d'eau !

Le cours, l'étendue et le circuit des arênes diffèrent ainsi que leur profondeur. Il en est, assure-t-on, dont le développement parcourt un espace de 15 kilomètres ; mais on comprend, dans ce calcul, les vides produits par les extractions successives des mines, ainsi que les conduits que l'on appelle *xhorre*, et que l'on a pratiqués, dans la suite, pour verser les eaux sur les arênes.

Ces vides et ces conduits forment des embranchemens ou des canaux de communication générale qui, *par droit d'accession*, constituent le domaine et la propriété de l'arênier.

Il est aisé de concevoir et d'apprécier combien les travaux des *arêniers* ont tourné au profit de la chose publique. Sans ces travaux, l'exploitation des mines submergées devenoit impossible.

Une arêne étoit une propriété héréditaire et regardée comme *immeuble*. Pour indemniser le propriétaire et le couvrir des intérêts de ses capitaux, tous les entrepreneurs d'exploitation dont les travaux étoient établis sur son cours, devoient lui payer une redevance dite *cens d'arêne*. Ce cens étoit établi avant 1487 ; il est formellement rappelé dans une loi, dite paix de St. Jacques, du 5 avril de la même année. Il n'existe autres dispositions écrites qui ait fixé la quotité de ce cens, que des *recors* de la Cour du *charbonnage* fondés sur la coutume et l'usage. Depuis son institution, cette redevance ne paroît avoir subi aucune variation, et il est certain qu'elle a été constamment acquittée ou dû être acquittée à raison du 80me. des matières extraites.

Parmi les divers avantages accordés aux arêniers, ils avoient un droit de priorité à l'exploitation des mines lorsqu'elles étoient considérées comme leurs conquêtes. Dans ces derniers temps les exploitans ont contesté aux arêniers le paiement du *cens* d'arêne; mais les jugemens et arrêts rendus contre eux ont prouvé que cette redevance étoit aussi légitime que sacrée. L'exploitation qui ne produit rien ne paie rien à l'arênier; cependant l'entrepreneur prépare, conserve et continue ses travaux à la faveur de l'arêne; la jouissance de l'arênier est suspendue et il ne reçoit alors aucune indemnités ni intérêts. Ainsi quelle qu'ait été l'activité des exploitations, il n'est pas vraisemblable que les arêniers aient perçu, à beaucoup près, l'intérêt de leurs capitaux.

COUR DU CHARBONNAGE.

Un tribunal connu sous la dénomination de *Cour de voir-jurés*, étoit institué, tant pour connoître, en première instance, de toutes les causes en matière de mines de houille et autres minerais, que pour exercer une surveillance active, continuelle et immédiate, sur toutes les exploitations.

Ce tribunal, dont l'institution remonte à une très-haute antiquité, fut d'abord composé de quatre membres, puis augmenté de trois en 1487. Ils étoient choisis parmi les houilleurs de profession les plus judicieux et les plus expérimentés. Placés sous la jurisdiction et l'autorité du tribunal dés échevins de la justice civile et criminelle du pays de Liege, la Cour des voir-jurés faisoit exécuter les coutumes et réglemens en matière de houillère, dirigeoit les ouvrages, traçoit aux entrepreneurs les plans qu'ils devoient suivre, autorisoit les travaux avantageux, interdisoit, sous la sanction des échevins, ceux qui pouvoient porter préjudice ou qui s'exécutoient au mépris de ses ordonnances.

Les membres de cette Cour étoient chargés, sous leur responsabilité personnelle, de conserver les *arênes franches*, dont les eaux se versent dans les bassins des fontaines de la ville de Liege, d'interdire les approches de ces arênes, ainsi que tous travaux, toutes communications qui pouvoient y porter atteinte.

Pour être *voir-jurés*, il falloit subir un examen, tant sur l'art d'exploiter en général, que sur la disposition des couches, les limites des anciens travaux, les lieux où existoient les massifs séparatoires, le cours et la pente des arênes, et enfin sur la jurisprudence, les usages et coutumes de houillère.

Les *voir-jurés* ne pouvoient être intéressés dans les exploitations. Ils visitoient, de quinzaine à autre, les grands établissemens, et les petits tous les sémestres, afin d'en reconnoître les ouvrages, donner des instructions, constater les travaux à proximité des bâtimens et dresser un rapport.

Dans le milieu du dernier siècle, la Cour des *voir-jurés* avoit beaucoup perdu de sa considération et même de son pouvoir : des échevins sous l'autorité desquels elle exerçoit, eurent des intérêts dans les exploitations; dès lors, loin d'être protégée dans ses travaux, la Cour de charbonnage se vit enlever une portion de son autorité. Les échevins se saisirent, en instance, de toutes les contestations dont la connoissance en premier ressort, lui appartenoit; de sorte que, dans les derniers temps, les *voir-jurés* n'exerçoient que comme inspecteurs et experts. Néanmoins, quelque réduites que fussent leurs attributions, ils n'en exerçoient pas moins une surveillance salutaire, qui mettoit constamment l'autorité publique à portée de suivre les exploitans dans leurs travaux, de punir les infractions et d'assurer l'exécution des mesures que commandoient l'intérêt public et la sûreté des propriétés particulières.

Ce ne fut qu'en thermidor an 2, époque de l'occupation du pays de Liege par les armées, que la Cour des *voir-jurés* cessa d'être en exercice, et c'est alors que les *exploitans abandonnés à eux-mêmes*, commencèrent à *violer les réglemens*, et *exécutèrent*, sans *mesure* et sans *prévoyance*, les travaux les plus désastreux et les plus nuisibles à la chose publique.

Il est vrai que la cause primitive des événemens

malheureux, dont tant de mineurs, depuis quelques années, ont été victimes, doit s'attribuer en partie aux digues (cuvellement et serrement) que les anciens avoient construits pour contenir les eaux, et empêcher leur communication d'une exploitation à l'autre. Avant l'établissement des machines à vapeur, qui, dans le pays de Liege, date de 1730, l'épuisement des eaux ne se faisait qu'à force de peines, de travaux, et au moyen de tinnes descendues et remontées par une machine à molette. Il n'est donc point étonnant, qu'antérieurement à 1730, l'on se soit dispensé d'épuiser des eaux que l'on pouvoit contenir par des *cuvellemens* ; sur-tout si l'on considère que, par un vice de l'ancienne législation, l'exploitant qui, en épuisant les eaux répandues sur ses travaux, desséchoit également les travaux de ses voisins, n'avoit droit à aucun dédommagement. Cette disposition, qui, au premier aspect, paroît injuste, pouvoit, néanmoins alors, se rapporter à l'intérêt public et avoir pour but de forcer les exploitans à conserver des *serres* d'une *épaisseur* suffisante pour limiter leurs travaux respectifs, et par ce moyen, prévenir et empêcher la communication des eaux d'un endroit à l'autre.

On ne peut disconvenir que les travaux des anciens, sur lesquels on n'a que des notions incomplettes, forcent, depuis plusieurs années, l'art à luter, pour vaincre les obstacles physiques que présentent à chaque pas les vides formés, abandonnés et toujours remplis d'eau, d'air vicié et corrompu. Mais l'art a-t-il déployé ses ressources, et les exploitans qui n'ignoroient pas et qui ne pouvoient ignorer ces obstacles, ont-ils fait ce qu'ils devoient faire pour prolonger la durée de leurs entreprises et assurer le succès de leurs travaux? Nous ne le pensons pas. La plupart n'ont cessé d'accumuler les obstacles et les dangers en exploitant les veines supérieures, en diminuant et même en enlevant les serres et *massifs* séparatoires; en un mot, en détruisant tout ce qui avoit été reconnu tel pour la sûreté des mineurs et pour la conservation des travaux.

La propriété des arênes franches n'a pas été plus respectée, et les choses en étoient venues au point que près d'une moitié des fontaines de la ville ont totalement tari; mais la prévoyance du Gouvernement a amené enfin un nouvel ordre de choses, et fait espérer de grandes améliorations.

PROPRIÉTÉ DES MINES.

Concession.

Dans les ci-devant pays de Liege et de Limbourg, les mines appartenoient aux propriétaires de la superficie et étoient pour eux un objet susceptible de toutes les transactions qu'ils vouloient faire. Il arrivoit que l'on pouvoit être; 1°. propriétaire du fond et des mines qu'il renfermoit; 2°. propriétaire du fond et des mines; 3°. propriétaire des mines et non du fond; 4°. ou enfin n'être propriétaire ni des mines ni du fond et cependant avoir le droit de les exploiter. Ce dernier droit s'acquéroit par une action de *conquête* dirigée devant les tribunaux, contre les propriétaires de la superficie que l'on constituoit en défaut d'exploiter ou de pouvoir exploiter les mines submergées. Cette action étoit fondée sur les principes d'intérêt public.

Ainsi le Gouvernement liégeois n'accordoit ni concession, ni permission, ni privilège, ni encouragement; ne recevant aucune redevance, il n'entretenoit pas d'ingénieur; les seules obligations des exploitans, à son égard, étoient de se conformer aux ordonnances de la Cour du charbonnage.

Il n'en étoit pas de même à l'égard des propriétaires des mines et des *arêniers* auxquels les exploitans devoient acquitter une redevance qui, pour l'ordinaire, étoit, pour les uns et pour les autres, du 80me. brut de l'extraction. Nous disons *pour l'ordinaire*, parce que la redevance due au propriétaire de la mine, redevance qui s'appeloit *droit de terrage*, étoit quelquefois réglée par des contrats particuliers.

Au moment présent, il existe, dans le département de l'Ourte, 159 exploitations de mines de houille; mais, dans ce nombre, on ne compte que 10 grands établissemens avec machine à vapeur, et 4 à 5 avec machine à molette. Tous les autres ne présentent que des travaux de peu de durée, et la plupart, n'ont que des bures de clayonnage.

Toutes ces exploitations sont encore sans délimitation, à l'exception de cinq dont les propriétaires ont obtenu des actes de concession en conformité de la loi du 28 juillet 1791.

Ce défaut de délimitation donnoit aux exploitans une infinité de moyens de se nuire, et avoit de plus l'inconvénient de placer les mines, qui eussent pû être exploitées avantageusement par une société, dans la puissance d'une autre.

Il est donc de l'intérêt même des exploitans qu'une délimitation générale, subordonnée à l'utilité publique, s'opère le plutôt possible.

Quoique la loi du 21 avril déclare les mines immeubles et en attribue *la propriété perpétuelle aux concessionnaires qui ne peuvent être expropriés que dans les cas et selon les formes prescrites pour les autres propriétés*, toutefois la sagesse du législateur a laissé à l'autorité le pouvoir nécessaire pour veiller à l'intérêt de la société, sous le double rapport de la durée des exploitations et de la conservation des hommes... elle lui a même laissé la latitude de prononcer l'interdiction des travaux dangereux et mal conduits. En effet, il semble que ces propriétés ne pouvoient être assimilées aux autres, sous tous les rapports, et d'une manière absolue.

S'il importe assez peu à la société que le possesseur d'une terre la cultive plus ou moins bien, ou même la laisse en friche, il n'en est point ainsi des mines. Il s'agit ici d'une propriété qu'on ne peut *créer* et dont l'emploi, l'extraction et la conservation intéressent toute la société. Cette propriété n'est point, comme le sol de la terre, une propriété permanente; elle s'épuise et disparoît à la longue; et c'est par cette raison même que les propriétaires, la considérant comme un *bien viager*, cherchent, non à recueillir les fruits et l'intérêt de leurs travaux, mais à se rembourser au plutôt de toutes leurs avances. Pour y parvenir et anticiper sur tous les produits possibles, ils sacrifient quelquefois, sans aucun ménagement, les ouvriers et les espérances de nos neveux. Le propriétaire d'une terre fait des dépenses pour l'améliorer, quoiqu'il sage très-bien qu'il ne retirera pas ses avances; mais il est déterminé par l'espoir louable d'augmenter le bien-être de ses enfans; le propriétaire des mines, au contraire, veut principalement rentrer trop promptement dans ses capitaux; son industrie n'a pas d'avenir, et tout ce qu'il peut dérober à ses successeurs est une conquête; ensorte que son avidité occasionne quelquefois la perte d'une exploitation où reste enfouie une richesse à jamais perdue. De ces observations, il est aisé de conclure qu'il importe à la société de surveiller les travaux des exploitans, afin de lui conserver un combustible précieux que l'homme ne peut créer ni reproduire.

DÉTAIL DE LA CÉRÉMONIE

Qui a eu lieu le Dimanche 22 Mars 1812, à l'Hôtel-de-Ville de Liege, pour la remise solemnelle de la décoration de la Légion d'honneur au brave GOFFIN, *et de ce qui s'est passé le reste de ce jour à la même occasion.*

Dès que Mr. le Préfet de l'Ourte eût reçu la décoration de la légion d'honneur destinée au brave *Goffin*, selon les dispositions du décret de munificence impériale en date du 12 mars, son plus grand empressement fut de tout ordonner, tout disposer pour ne point retarder cette touchante cérémonie et lui donner l'appareil proportionné à l'intérêt qu'inspiroit la circonstance.

A cet effet, ce Magistrat avoit invité Mr. le premier Président de la Cour Impériale, Mr. le général commandant le département, Mr. l'Evêque, toutes les autorités judiciaires, civiles et militaires, ainsi que MM. les chevaliers de la légion d'honneur résidant à Liege, à se rendre à midi et demi à l'Hôtel-de-Ville pour assister à cette cérémonie. Il avoit également convoqué MM. les propriétaires des houillères, les maîtres ouvriers, et des députations des mineurs des principales exploitations du département.

Mr. le Préfet, à la même heure, amena dans sa voiture Hubert *Goffin* et son fils. Une autre voiture conduisoit les courageux *Bertrand*, *Labeye* et *Clavir*, fidèles compagnons de *Goffin*. Sur leur route depuis la Préfecture jusqu'à l'Hôtel-de-Ville et dans les salles de cet hôtel, ces cinq braves mineurs et surtout Hubert *Goffin*, furent accueillis par les acclamations et les applaudissemens du public, mêlés aux cris réitérés de *vive l'Empereur !*

Vis-à-vis l'estrade où Mr. le Préfet étoit placé entre le Secrétaire-Général de la Préfecture et Mr. l'Auditeur Sous-Préfet de Liege, Hubert *Goffin* et son fils étoient en première ligne, ayant à droite et à gauche Mr. l'Ingénieur en chef et Mr. l'Ingénieur ordinaire des mines du département. Sur le même rang à droite étoient Mr. l'Inspecteur divisionnaire et Mr. l'Ingénieur en chef des mines envoyés extraordinairement par le Gouvernement. A gauche on voyoit les trois compagnons de *Goffin*, et près d'eux, les jeunes *Thonus*, décorés de leurs médailles, ces modèles de piété filiale qui l'année dernière exposèrent leurs jours pour sauver leur père, ainsi que les nommés *Delor* et *Massillon* qui avoient partagé leur dévouement. Sur la seconde ligne on remarquoit MM. les chevaliers de la légion d'honneur et les principaux magistrats et fonctionnaires. Une affluence de spectateurs remplissoit cette salle et celles environnantes.

Mr. le Préfet commence par la lecture de la lettre du 13 mars, par laquelle Son Exc. le grand-chancelier de la légion d'honneur lui adresse la Croix, la lettre et le brevet destinés à l'estimable *Goffin*. Le Secrétaire-Général donne lecture de ces pièces, et le public, par ses applaudissemens, exprime l'enthousiasme que lui inspire le style noble et touchant de Son Exc. : ensuite Mr. le Préfet prononce un discours (1) plein de sensibilité, dans lequel il retrace avec chaleur les événemens qui se sont passés du 28 février au 4 mars dans les houillères Beaujonc et Mamonster. Il peint le dévouement d'Hubert *Goffin*, de son fils âgé de 12 ans, de *Bertrand*, *Labeye* et *Clavir;* le zèle avec lequel MM. les Ingénieurs des mines du département, la famille *Hardy*, le Sr. Lambert *Colson* et tous les ouvriers mineurs se sont portés au secours de *Goffin* et de ses compagnons d'infortune. Il dispense à chacun un juste tribut d'éloge. Son émotion est au comble, tous ses auditeurs la partagent. Le moment désiré est venu : *Goffin* reçoit de Mr. le Préfet la croix d'honneur. Il la reçoit avec une assurance aussi décente que modeste. Son ame s'étoit d'avance mise de niveau avec son honorable situation. Le digne Magistrat l'embrasse et le couvre des larmes du bonheur. Le nouveau chevalier n'est pas moins ému. L'assemblée se livre aux élans de la reconnoissance envers notre AUGUSTE SOUVERAIN, et d'intérêt envers Mr. le Préfet et le recommandable *Goffin* dont la modeste et digne épouse contemploit le triomphe.

Mr. le Préfet s'adresse ensuite au jeune *Goffin* et aux braves *Bertrand*, *Labeye* et *Clavir*. Après avoir loué leur belle conduite, il remet à chacun d'eux une somme de 300 francs en or, au nom de S. M. l'Empereur et Roi.

---

(1) Ce discours se trouve à la suite de cette notice.

Mr. *Mathieu*, ingénieur en chef du département, répond au discours de Mr. le Préfet, par des expressions de reconnoissance et de sensibilité auxquelles tout le monde applaudit ;

Et Mr. *Cordier*, inspecteur divisionnaire, termine cette imposante cérémonie par un discours où la noblesse des pensées fut d'autant mieux sentie qu'elle fut accompagnée de celle de l'accent et de l'expression.

Mr. le chevalier *Goffin*, son fils, son épouse, les courageux *Bertrand*, *Labeye* et *Clavir*, sont reconduits à l'hôtel de la Préfecture, où un repas splendide les attendoit. Les personnes de Liege les plus distinguées par leurs fonctions, MM. les chevaliers de la légion d'honneur, les principaux propriétaires de houillères, les maîtres ouvriers des diverses exploitations, et les jeunes *Thonus* étoient à ce banquet où l'allégresse la plus pure a continuellement régné. On admiroit le ton décent du vertueux *Goffin*, de son épouse, qui, convalescente encore, et affaiblie par ses tourmens récens, répondit à une personne qui lui demandoit si elle n'étoit pas bien fatiguée : » Ce qui fait plaisir ne fatigue pas. » Leur jeune fils n'eût pas une tenue moins admirable.

Mr. *Goffin*, dans le cours du repas, eut l'attention de se rendre un instant à une table qui étoit dans une pièce voisine pour s'assurer si quelques-uns de ses camarades, qui n'avoient pu être placés à la table principale, partageoient la félicité commune.

Au dessert Mr. le Préfet porta *la santé de S. M. l'Empereur et Roi*, *rémunérateur des belles actions* ;

toutes les voix s'unirent à la sienne pour exprimer l'amour, le respect et le dévouement des liégeois et des habitans de l'Ourte pour leur Souverain.

La seconde santé fut celle *de S. M. l'Impératrice-Reine, l'auguste Marie-Louise, Archiduchesse d'Autriche, bienfaitrice des malheureux, protectrice de la Société-Maternelle.* Cette santé fut accueillie avec la plus vive sensibilité.

Alors Mr. le docteur *Ansiaux* fils, chanta des couplets analogues à cette belle circonstance et qui furent accueillis avec plaisir par l'assemblée; le neveu de Mr. le Préfet, Mr. Hypolite *Jaubert*, chanta ensuite d'autres couplets au jeune *Goffin*, et une chanson liégeoise à son père.

Le fils *Goffin* porta *la santé de S. M. le Roi de Rome.* On répondit avec ardeur au toast de ce courageux enfant, adressé à l'enfant auguste sur lequel repose de si hautes destinées.

Mr. *Cordier*, inspecteur divisionnaire annonça *la santé de Son Exc. le Ministre de l'Intérieur, protecteur des mines de l'empire et qui saisit toutes les occasions d'assurer leur prospérité.* Cette santé fut vivement applaudie.

Mr. le Secrétaire-Général adressa la sienne *à Mr. le directeur-général et au corps entier des mines, à Mr. l'Inspecteur divisionnaire, et à Mr. l'Ingénieur en chef extraordinairement envoyés par le gouvernement, à MM. les Ingénieurs en chef et ordinaire du département et au brave* Goffin.

Mr. *Beaunier*, ingénieur en chef délégué, se leva et adressa ainsi son toast *à Mr. le Préfet de l'Ourte*, *la reconnaissance le proclame le protecteur des ouvriers mineurs de ce département.*

Une acclamation unanime confirma la justesse de cet hommage.

Ainsi se termina ce repas que tous les sentimens heureux dont puissent jouir les hommes en société, contribuèrent à embellir.

Ce même jour, Mr. *Dubocage*, directeur du spectacle de Liege, donna une représentation au bénéfice des victimes de l'événement du 28 février. Le public s'y rendit avec empressement, tant pour concourir à une bonne action, que dans l'espoir d'y voir Mr. *Goffin*, son fils, son épouse et ses compagnons. Leur espérance ne fût pas déçue. Le digne *Goffin*, son fils, et ses trois fidèles amis furent salués à leur arrivée par les acclamations les plus vives, et les cris de *vive l'Empereur!* se renouvellèrent à plusieurs reprises.

On donnoit la pièce intitulée : *les Deux Frères*. Le public saisit avec une sagacité qui fait honneur à ses principes, ce passage : « *un homme de bien n'est déplacé nulle part.* " On auroit dit à l'application qu'il en fit, qu'il avoit été témoin, pendant toutes les circonstances de cette journée, de la dignité de la conduite de Mr. *Goffin*.

Le soir, ce bon père, son épouse, avec leur fils, ont été rejoindre leurs six autres enfans, et jouir dans l'intérieur de leur famille d'un bonheur que le public s'était empressé de partager avec eux, dans cette journée qui fera époque dans les annales du département.

Ainsi de cet immense foyer de gloire qui environne le trône de Napoléon, un rayon lancé sur le brave Hubert *Goffin* orne sa tête d'une auréole immortelle qui se reflète sur tous les mineurs et sur le département de l'Ourte.

Le Secrétaire-général, LIÉGEARD.

DISCOURS

Prononcé par Mr. le Baron DE MICOUD, *Préfet.*

» Messieurs, lorsque l'année dernière, je signalai à l'estime, à l'admiration publiques deux enfans qui avoient courageusement exposé leurs jours pour sauver ceux de leur père, je ne pensois pas que ce dévouement si louable, mais si naturel, seroit surpassé, un an après, par un dévouement plus grand encore, et qui appartient tout entier au sentiment pur de l'humanité. Heureux le département qui offre ces exemples sublimes !

» Jeunes *Thonus!* je ne cherche point à affaiblir le mérite de votre piété filiale; mais il ne s'agit point ici seulement d'enfans fidèles aux plus saint de leurs devoirs, de fils qui s'immolent pour le salut de celui qui leur donna la vie : c'est un époux qui abandonne sa femme, un père de sept enfans qui en livre six à la commisération publique, et tenant par la main le septième, oublie son propre salut, pour ne s'occuper que du soin de sauver les compagnons de ses travaux. C'est un héros de douze ans qui veut partager les périls de son père, et qui, dans une situation dont le seul récit fait frémir, relève, par son énergie, le courage des hommes faits qui l'entourent. Enfin, Messieurs, c'est Hubert *Goffin*, dévoilant sa belle ame dans ces mots immortels : » Si je monte, mes ouvriers périront; je » veux les sauver tous ou périr avec eux. »

C'est encore son fils, son généreux fils, applaudissant à la résolution héroïque d'un tel père. Trois fois ils ont pu retourner à la lumière; trois fois ils ont présidé au départ de ceux de leurs compagnons, qui se hâtoient de fuir. L'eau se précipite en torrens, le danger est certain; plus de soixante mineurs sont au loin dans les entrailles de la terre, et ils ne peuvent revenir avant que le passage ne soit fermé. Présent à tout, *Goffin* fait ouvrir une issue pour que du moins ils puissent arriver jusqu'à lui. Il sait qu'ils n'auroient pas l'art de régler les efforts propres à les sauver : sa résolution est prise, son fils reste auprès de lui; leur exemple retient les braves *Bertrand*, *Labeye* et *Clavir*. Ces hommes généreux courent à la recherche de leurs compagnons d'infortune, et derrière eux l'eau forme une barrière invincible. Un gouffre inaccessible les sépare de nous, ils ne sont plus en communication avec ce monde. Privés d'alimens, guidés par une faible lumière, ces malheureux sont enfouis à une profondeur effrayante. Là, leur nourriture est une vapeur épaisse et méphytique; plus loin l'air en s'enflammant peut les consumer tout vivans, dans le centre de la terre, quoiqu'entourés d'eau de toutes parts. Ils ont pour perspectives prochaines les ténèbres et la mort la plus affreuse. Mais *Goffin* et son fils sont avec eux, et ils vivent sous un règne fertile en prodiges; l'espérance n'est donc point éteinte dans leurs coeurs.

» L'espérance! hélas! leurs femmes, leurs enfans, leurs parens, leurs amis, tous ceux qui erroient autour du gouffre l'avoient perdue. Les sanglots, les cris annonçoient le désespoir général, la consternation s'étend de proche en proche avec la nouvelle fatale. Notre ame, celles de Messieurs les Ingénieurs des mines sont vivement affectées, mais non abattues, et si la douleur fut notre première sensation, le soin d'arracher à la mort tant d'infortunés, fut notre première pensée : surmonter tous les obstacles ou périr fut aussi la dernière résolution de tous ceux qui nous ont secondé.

» Aucun moyen n'est négligé, le bure Mamonster offre la seule route; mais les plans ne donnent aucuns renseignemens exacts et les distances ne peuvent être calculées. Il faut franchir un espace inconnu, pénétrer plus de 60 mètres dans la mine, et se traîner, dans le sein de la terre, pour pratiquer une issue. Les ouvriers accourent en foule, ils se disputent l'honneur de travailler à cette recherche; on est obligé de modérer leur zèle, de ménager leurs forces. Lambert *Colson*, la famille *Hardy*, se signalent par des services de toute nature. Ernest *Leclerc*, *Bernard*, *Gallant*, *Malaise*, et tant d'autres que notre relation fait connoître, se distinguent par un zèle soutenu.

» Mr. *Migneron*, ingénieur, ne quitte presque pas les travailleurs qu'il dirige : le premier il pénètre dans ces antres profonds, le dernier il en sort. Mr. l'ingénieur en chef *Mathieu*, visite les travaux et partageant la responsabilité que nous avions contractée, il se trouve heureux comme nous, de n'avoir qu'à modérer tant de zèle.

» Déjà on est parvenu à se faire entendre de nos infortunés; ils ont répondu au bruit par un bruit semblable; on avance, le son de leurs outils qui brisent la mine se répercute; on redouble d'efforts. Bientôt on ne les entend plus. Se reposent-ils de leurs fatigues? ont-ils succombé? quelle anxiété! quelles angoisses mortelles compriment les ames, sans diminuer le courage! comme nous, chacune des personnes qui sont venues offrir leurs services, voudroit avoir le pic dans les mains pour hâter la délivrance de *Goffin* et de ses compagnons.

MM. *Loyens* et *Ansiaux* disposent tout ce qui est nécessaire pour assurer les premiers secours de leur art. Tout est prêt, on approche, ils vivent tous; la voix de *Goffin* se fait entendre, on touche au moment du succès. Enfin le dernier coup de pic détruit le dernier obstacle; l'air en se mettant en équilibre produit une sorte de détonnation qui semble célébrer notre triomphe.

» Mais on commande aux tendres épanchemens des libérateurs pour des hommes qu'ils viennent d'arracher au séjours des morts. On modère des sensations qui, quoique délicieuses, auroient pu leur devenir funestes, et l'on prend les plus sérieuses précautions avant de les rendre à la lumière. Ils voient enfin cette lumière chérie. *Goffin* accompagne Mr. *Migneron*, le plus ardent de ses libérateurs, et ne sort que le dernier de cet horrible tombeau.

» Jouissez de votre seconde vie ! braves houilleurs ! plus heureux que vous, nous éprouvons l'inexprimable bonheur de vous l'avoir rendue. Pour toute marque de reconnaissance nous vous demandons la plus entière soumission aux règles que la prudence vous impose pour votre propre sûreté. Cependant, ainsi qu'à vous, la perte de 22 de vos compagnons excite tous nos regrets ; mais ces victimes n'étoient déjà plus, lorsque vous avez obéi à la voix de votre chef ; croyez que du moins je ferai tous mes efforts pour soulager leurs veuves et leurs enfans.

» Et vous, brave *Goffin !* vous allez recevoir le prix de vos sentimens généreux. Délégué par ordre de S. M. l'Empereur et Roi, je dois vous remettre la décoration de la légion d'honneur. Cette mission est pour moi une récompense ; jamais je n'en reçus de plus douce, jamais je ne me sentis plus honoré. Recevez ces brevets que le plus grand des Souverains vous accorde, les principes de l'honneur le plus pur animent votre cœur, et c'est sur ce cœur même qu'on doit en placer le type sacré.

« Dans quel tems, en quel lieu y eut-il une communication plus directe et plus prompte entre le souverain et les sujets dans les classes les moins élevées ? C'est le 8 mars seulement, qu'après des renseigemens, je pus confirmer mon premier rapport sur votre conduite, sur celle de votre digne fils, et déjà la récompense étoit prête. A notre grand Empereur seul il appartient de sentir qu'elle double de valeur, lorsqu'elle n'est point attendue, et encore moins sollicitée.

« Vous n'êtes point oublié, vous jeune enfant dont la conduite honoreroit un grand homme ; vous *Bertrand*, *Labeye*, *Clavir*, dignes émules de *Goffin*. Le modèle comme le dispensateur de tous les genres de gloire vous a distingués, et vous accorde une gratification.

« Bénissons le Gouvernement d'un père qui veut connoître tous ses enfans. Le caractère qui distingue l'autorité paternelle n'est point la faiblesse, principe de tous les désordres, de tous les crimes ; c'est l'indulgence, et c'est, sous ce rapport, que le Gouvernement de S. M. est éminemment celui d'un père au milieu de ses enfans.

« Vous tous, Messieurs, qui venez d'assister au triomphe de la vertu ; vous que l'objet de cette fête a pénétré de la plus vive sensibilité, joignez vos voix à la mienne. Rendons mille actions de graces à notre magnanime Empereur, et répétons, à jamais : VIVE NAPOLÉON-LE-GRAND ! »

FIN.

www.ingramcontent.com/pod-product-compliance
Ingram Content Group UK Ltd.
Pitfield, Milton Keynes, MK11 3LW, UK
UKHW012102240726
13965UKWH00004B/1487